Collection de feu M. ARONDEL

OBJETS D'ART

ET DE

HAUTE CURIOSITÉ

DES XVe ET XVIe SIÈCLES

TABLEAUX

CATALOGUE

DES

OBJETS D'ART

ET DE

HAUTE CURIOSITÉ

DES XVe ET XVIe SIÈCLES

Belles sculptures sur marbre, sur pierre, sur terre cuite, sur bois et sur ivoire;
Faïences italiennes; Faïences hispano-mauresques et de Perse;
Faïences de Bernard Palissy et autres; Bronzes d'art; Objets en cuir;
Paon en bronze du XIIe siècle; Objets variés;
Meubles et Sièges en bois sculpté des XVe et XVIe siècles;

TABLEAUX ANCIENS DES ÉCOLES ITALIENNE ET FRANÇAISE.

DONT LA VENTE AURA LIEU

Par suite du décès de M. ARONDEL

HOTEL DROUOT, SALLE No 8

Les Jeudi 5 et Vendredi 6 Mai 1881

A DEUX HEURES PRÉCISES

Par le Ministère de **Me Charles PILLET**, Commissaire-priseur,
10, rue de la Grange-Batelière,

Assisté de **M. Charles MANNHEIM**, Expert, 7, rue Saint-Georges,
Chez lesquels se trouve le présent Catalogue.

EXPOSITION PUBLIQUE : le Mercredi 4 Mai 1881.
De une heure à cinq heures.

CONDITIONS DE LA VENTE

Elle sera faite au comptant.

Les adjudicataires payeront *cinq pour cent* en sus des enchères.

L'exposition mettant le public à même de se rendre compte de l'état des objets, il ne sera admis aucune réclamation une fois l'adjudication prononcée.

ORDRE DES VACATIONS

Le Jeudi 5 Mai 1881

Sculptures sur marbre et sur pierre	1 à 17
Sculptures sur terre cuite et autres	18 à 28
Sculptures sur bois	29 à 50
Sculptures variées	51 à 62
Faïences italiennes	63 à 77
Faïences hispano-mauresques	78 à 87
Faïences de Perse	88 à 103
Faïences diverses	104 à 112
Porcelaines	113 à 114

Le Vendredi 6 Mai 1881

Bronzes d'art	115 à 130
Objets en cuir	131 à 138
Objets variés	139 à 169
Meubles	170 à 192
Sièges	193 à 203
Tableaux	204 à 244

N. B. *L'ordre numérique ne sera pas suivi.*

Paris. — Typ. Pillet et Dumoulin, rue des Grands-Augustins, 5.

DÉSIGNATION DES OBJETS

SCULPTURES SUR MARBRE

ET SUR PIERRE

1 — Marbre blanc. — Belle sculpture en haut-relief, représentant le buste du Christ nimbé, supporté par un chérubin ailé et circonscrit dans un médaillon rond, portant l'inscription suivante : *Nor et Gloria. Tibi. Soli ho.* Beau travail italien du commencement du XVIe siècle.

2 — Marbre blanc. — Bas-relief représentant la Vierge vue à mi-corps et portant l'enfant Jésus. Travail italien de la fin du XVe siècle. Dans un cadre à moulures en bois de chêne.

3 — Pierre. — Statue de Vierge debout. XVe siècle.

4 — Marbre blanc. — Buste de Michel-Ange, grandeur nature. Beau travail.

5 — Marbre blanc. — Deux bustes appliques sans fond, de travail italien et du XVe siècle; personnages de profil et se faisant face.

6 — Marbre blanc. — Buste de furie, grandeur deux tiers nature. Travail du XVIe siècle d'un grand caractère.

7 — Marbre blanc. — Fragment de bas-relief antique, representant un masque scénique.

8 — Pierre grise de Florence. — Frise de cheminée sculptée en bas-relief, offrant au centre un lion rampant, dans une couronne de lauriers soutenue par deux génies ailés. XVIe siècle.

9 — Marbre blanc. — Bas-relief en hauteur représentant Jésus debout. XVIIe siècle.

10 — Pierre de Munich. — Médaillon ovale, offrant en bas-relief un buste d'homme portant la cuirasse. Cette pièce porte au revers et écrit postérieurement le nom de Montgommery.

11 — Marbre blanc. — Deux bustes d'empereurs romains grandeur nature sur piédouches en marbre de rapport. XVIIe siècle.

12 — Pierre peinte. — Bas-relief représentant la Nativité. Il est monté dans un triptyque dont les volets peints représentent la Visitation, la Circoncision, l'Adoration des mages et la Présentation au Temple. XVIe siècle.

13 — Pierre. — Statuette de sainte Catherine debout. XVIe siècle.

14 — Pierre. — Fragment de retable du xve siècle, représentant le Christ en croix, entouré de divers personnages.

15 — Pierre de Munich. — Haut-relief représentant le Christ vu à mi-corps. xvie siècle.

16 — Pierre. — Façade de tabernacle, sculptée à pilastres et ornements. Travail italien du xvie siècle.

17 — Pierre. — Petit groupe représentant la Vierge et l'enfant Jésus. Travail français du xvie siècle.

SCULPTURES SUR TERRE CUITE

ET AUTRES

18 — Terre cuite. — Petit buste de jeune fille, portant un riche costume de l'époque. xvie siècle.

19 — Terre cuite. — Buste de Vierge, grandeur nature. Ecole italienne du commencement du xvie siècle.

20 — Terre cuite. — Groupe. — La Vierge assise tenant l'enfant Jésus sur son genou droit. Travail italien du xvie siècle.

21 — Terre cuite. — Buste de saint Jean, grandeur presque nature. xvie siècle.

22 — Stuc rehaussé de couleurs. — La Vierge vue à mi-

corps et tenant l'enfant Jésus de ses deux bras; dans un cadre richement orné en bois sculpté, avec ornements rapportés en pâte et dorés. Italie XVIe siècle.

23 — Devant de coffre de mariage en stuc, conservant des traces de dorure et représentant en bas-relief une scène de mariage. Travail italien de la fin du XVe siècle.

24 — Terre cuite. — Buste de guerrier, grandeur nature, portant l'armure du XVe siècle et coiffé du mortier.

25 — Terre cuite bronzée. — Buste d'homme. Modèle d'une des quatre figures qui décorent le tombeau de Michel-Ange.

26 — Terre cuite. — Bas-relief rectangulaire en hauteur. Buste de Scipion de profil à droite, tête casquée.

27 — Terre cuite. — Statuette de satyre assis. Italie, XVIe siècle.

28 — Stuc. — Bas-relief sans fond, exécuté en toile et pâte peinte, représentant la Vierge vue à mi-corps, tenant l'enfant Jésus debout sur ses genoux. XVIe siècle.

SCULPTURES SUR BOIS

29 — Bois. — Jolie statuette du XVIe siècle : Bacchus debout.

30 — Bois. — Curieuse statuette de juge debout. xve siècle.

31 — Statuette de saint personnage debout : un lion est à ses pieds. xve siècle.

32-33 — Bois. — Huit pions du xvie siècle représentant chacun un buste en relief et peint.

34 — Bois. — Petit buste d'homme appliqué sur un médaillon rond uni.

35 — Bois. — Deux bas-reliefs sans fond représentant chacun une tête casquée dans un médaillon rond circonscrit dans un carré. xvie siècle.

36 — Bois. — Statuette de saint Louis debout. xvie siècle.

37 — Bois. — Statuette de saint Sébastien debout. Travail dans le goût de Donatello.

38 — Bois. — Retable en bois sculpté, doré et peint, représentant quatre figures de saints personnages debout. xve siècle.

39 — Bois de chêne. — Bas-relief s ns fond provenant d'un retable et représentant la mort de la Vierge, composition de douze figures. xv siècle .

40 — Bois. — Bas-reliet rectangulaire, représentant la fuite en Egypte. xvie siècle.

41 — Bois. — Bas-relief sans fond, provenant d'un retable. saint Hubert en adoration. xvie siècle.

42 — Bois. — Petit bas-relief cintré, représentant le Christ mort descendu de la croix et entouré de saints personnages. xvie siècle.

43 — Bois. — Bas-relief sans fond provenant d'un retable et représentant le calvaire. Beau travail allemand de la fin du xve siècle. Cette pièce a conservé des traces de dorure.

44 — Bois de noyer. — Panneau provenant d'un meuble sculpté en bas-relief, à cartouche ovale, contenant un miroir entouré d'ornements. Collection Le Carpentier et gravé dans l'*Art illustré*. xvie siècle.

45 — Bois. — Statuette de saint Jean debout, portant l'Agneau pascal. xvie siècle.

46 — Bois. — Figure applique de Madeleine debout. xvie siècle.

47 — Bois peint et doré. — Groupe. — La Vierge debout portant l'enfant Jésus sur son bras droit. xvie siècle.

48 — Bois peint. — Sainte Barbe debout. xvie siècle.

49 — Bois peint. — Grande figure de saint Jean debout. xvie siècle.

50 — Bois de poirier. — Statuette de sainte-femme, debout, XVIIe siècle.

SCULPTURES VARIÉES

51 — Cire peinte. — Joli bas relief représentant le sujet de l'annonciation, enrichi de petites perles incrustées. Travail italien du XVIe siècle. Dans un cadre en ébène.

52 — Cire. — Deux bas-reliefs représentant l'un, le sujet de la flagellation, et l'autre, les pèlerins d'Emmaüs. Fin XVIe siècle.

53 — Cire peinte. — Figurine de Henri III debout.

54 — Cire peinte. — Buste sans fond d'une jeune femme, de profil à droite. La coiffure est enrichie de perles.

55 — Cire peinte. — Figurine applique de *Loyse, reyne de France.*

56 — Ivoire. — Deux manches de couteaux formés des figurines de Saint-Pierre et de Saint-Jean. XVIe siècle.

57 — Ivoire. — Petit groupe du XVIe siècle, représentant la fuite en Égypte

58 — Corne de cerf. — Amorçoir sculpté en bas-relief et présentant la figure de Léda.

*

59 — Ivoire. — Couvert en ivoire sculpté, à cariatides et ornements. Dans un étui du XVIe siècle, en cuir gaufré.

60 — Ivoire. — La Vierge debout, portant l'enfant Jésus sur son bras gauche.

61 — Ivoire. — Grain de chapelet forme de trois têtes accolées. XVIe siècle.

62 — Stuc. — Vase à frise de personnages et ornements en relief, de style Louis XVI.

FAIENCES ITALIENNES

63 — Fabrique de Pesaro. — Grand plat rond à décor à reflets métalliques, tête de femme au fond, ornements au marli.

64 — Fabrique d'Urbino. — Petit broc décoré de grotesques sur fond blanc. Il porte la date de 1597.

65 — Fabrique d'Urbino. — Plat rond représentant Apollon et les Muses.

66 — Même fabrique. — Petit plat rond ; au centre, tête casquée sur fond jaune ; au marli trophées d'armes sur fond bleu.

67 — Fabrique de La Frata. — Très grand plat rond à décor gravé et émaillé brun, vert et jaune.

68 — Fabrique de Castel Durante. — Deux petits cornets de pharmacie décorés, de rinceaux et de fleurs sur fond bleu.

69 — Même fabrique. — Deux cornets décorés de trophées d'armes sur fond bleu et portant une armoirie.

70 — Vase ovoïde à imbrications et ornements en relief, à couverte bleu uni.

71 — Fabrique de Deruta. — Petit plat rond à décor à reflets métalliques, rehaussé de bleu.

72 — Même fabrique. — Plat rond à décor de rosaces et d'ornements à reflets métalliques.

73 — Gourde à quatre anneaux, mascarons en relief, en terre émaillée marbrée. Italie, XVIe siècle.

74 — Fabrique de Castelli. — Petit plat rond, décoré au centre d'une figure de Neptune, et au marli, de rinceaux et d'un écusson armorié.

75 — Frabrique de la Frata. — Petit plat rond et creux à ornements gravés sous angobe. Au centre, un bœuf rampant.

76 — Fabrique italienne. — Deux vases de pharmacie du XVIe siècle.

77 — Fabrique italienne. — Plat rond. — Le jugement de Salomon.

FAIENCES HISPANO-MAURESQUE

78 — Fabrique hispano-mauresque. — Plat rond à décor à reflets métalliques et à arêtes saillantes et rayonnantes.

79 — Même fabrique. — Plat rond à décor à reflets métalliques, offrant au centre un écusson portant un faucon perché sur un bœuf.

80 — Même fabrique. — Autre plat à décor à reflets métalliques cuivreux.

81 — Même fabrique.— Plat rond et creux à godrons saillants et décor à reflets métalliques.

82 — Même fabrique. — Plat rond à ombilic central, à décor d'ornements à reflets métalliques cuivreux.

83 — Même fabrique. — Autre plat de même décor, à ornements gaufrés en relief.

84 — Même fabrique. — Deux cornets à décor à reflets métalliques, rehaussé de bleu, à fleurs et animaux.

85 — Même fabrique. — Deux cornets à décor de même style.

86 — Même fabrique. — Autre cornet de même décor.

87 — Même fabrique. — Vase à deux anses, à décor à reflets métalliques, rehaussé de vert et de bleu.

FAIENCES DE PERSE

88 — Joli plat rond en ancienne faïence de Rhodes, dite de Perse, à fond imbriqué vert et décoré d'ornements émaillés rouge et bleu.

89 — Plat de même faïence décoré d'une figure debout et de fleurs.

90 — Autre plat à décor bleu.

91-96 — Six plats en ancienne faïence de Rhodes, à décor de fleurs et d'ornements émaillés en couleurs. Ce lot sera divisé.

97 — Trois petits flacons en ancienne faïence de Perse, décor polychrome.

98 — Tableau rectangulaire composé de carreaux en faïence de Perse et portant un vers persan composé comme d'habitude de deux distiques, dont M. E. Fagnan, de la Bibliothèque nationale, a bien voulu nous donner la traduction : « *Mon corps est impuis-* « *sant à faire le service du lieu qui t'abrite, mais* « *l'essence de mon âme sert de poussière à ton* « *seuil.* »

99 — Deux bouteilles à long col à décor bleu.

100 — Brique octogone et à rosace découpée en ancienne faïence de Perse à ornements gaufrés en relief et émaillée bleu turquoise.

101 — Coupe ronde sur piédouche à couverte brune et décor d'ornements émaillés blanc et bleu.

102 — Trois grands bols en faïence de Perse à décor bleu.

103 — Deux plaques de revêtement à figures en bas-relief et à décor polychrome.

FAIENCES DIVERSES

104 — Grand et beau plat ovale à reptiles, en ancienne faïence de Bernard Palissy, émaillé en couleurs. Belle qualité.

105 — Autre joli petit plat ovale à reptiles, sur fond bleu.

106 — Petite coupe ronde de la suite de Bernard Palissy, composée d'entrelacs découpés et de mascarons.

107 — Petite statuette en ancienne faïence de Bernard Palissy. — Joueur de musette.

108 — Surtout en faïence de Bernard Palissy.

109 — Plat rond à rosace découpée à jour en faïence de la suite de Bernard Palissy, à ornements et godrons en relief émaillés en couleurs.

110 — Même fabrique. — Coupe ronde à salières et bords renversés, avec ornements découpés.

111 — Grand broc en terre émaillée de Munich à ornements en relief décorés en couleurs sur fond brun.

112 — Petite gourde en forme de fruit en faïence marbrée.

PORCELAINES

113 — Deux petits flacons à thé en forme de balustre hexagone, en ancienne porcelaine des Médicis, à décor bleu.

114 — Grosse potiche à couvercle en ancienne porcelaine de Chine à décor bleu à compartiments.

BRONZES D'ART

115 — Deux flambeaux italiens en bronze, formés chacun d'une figure de satyre agenouillé sur un socle triangulaire. XVIe siècle.

116 — Statuette de Christ à la colonne. Bronze italien du XVIe siècle.

117 — Petite statuette en bronze d'après l'antique. — Le tireur d'épines.

118 — Statuette de femme en bronze. XVIe siècle.

119 — Statuette italienne en bronze. XVIe siècle.

120 — Statuette d'homme en bronze, disposée pour porter. Bronze du XVIe siècle.

121 — Petite statuette équestre de Marc-Aurèle sur pied triangulaire. XVIe siècle.

122 — Porte-verre en bronze peint et doré formé d'une figurine d'homme debout, en costume Louis XIII.

123 — Tête applique en bronze de Calvin, grandeur presque nature, de profil à gauche. Travail du temps. Dans un cadre en bois noir, avec fond de velours ponceau.

124 — Petit vase de forme surbaissée et à ouverture large en bronze à ornements en relief. XVIe siècle.

125 — Écritoire formée d'une figurine de satyre agenouillé, tenant un flambeau et reposant sur un plateau triangulaire garni de trois godets. Bronze italien du XVIe siècle.

126 — Flambeau formé d'un lion assis, reposant sur une base ronde à gorge. XVIe siècle.

127 — Deux flambeaux du XVIe siècle en bronze à tige à balustre supportée par des amours et pieds triangulaires ornés de mascarons.

128 — Deux flambeaux de la fin du XVIe siècle, en cuivre poli, formés chacun d'une colonnette supportant un vase.

129 — Deux chenets en fer forgé, à rinceaux, et tiges surmontées de boules en cuivre jaune. XVIe siècle.

130 — Bout de soufflet en bronze, orné de l'avant d'un dragon ailé.

OBJETS EN CUIR

131 — Pulverin du XVIe siècle en cuir gaufré, à rinceaux et animaux, et garni en fer.

132 — Boîte oblongue et étroite à couvercle légèrement bombé, en cuir gaufré à feuillages et à ornements variés. XVIe siècle.

133 — Boîte carrée et haute en cuir gaufré, offrant au pourtour des figures d'enfants et de cavaliers encadrées d'ornements. XVIe siècle. Le couvercle est en bois sculpté.

134 — Amorçoir en cuir doré au fer, de forme aplatie et couvert de fleurs de lys. XVIIe siècle.

135 — Écritoire en cuir gaufré, composé d'un plateau ovale et de divers ustensiles. XVIIe siècle.

136 — Custode du XVe siècle de forme cylindrique, en cuir gaufré.

137 — Étui de calice en cuir gravé à ornements, et portant des inscriptions. XVe siècle.

138 — Gaîne en cuir doré au fer. Le couvercle est découpé à jour. XVIe siècle.

OBJETS VARIÉS

139 — Paon en bronze gravé. École florentine du XIIe siècle.

140 — Colombe en cuivre doré, sur tronc d'arbre, provenant d'un bâton pastoral. XVIe siècle.

141 — Christ en croix en cuivre champlevé et émaillé du XIIIe siècle, appliqué sur un fond de cuivre avec bustes de saints personnages de même travail, rapportés en relief.

142 — Pied de flambeau formé d'un lion assis en bronze. Travail du XVe siècle.

143 — Encensoir du XVe siècle en cuivre battu, et portant des traces de dorure.

144 — Seau du XVe siècle, en cuivre jaune, avec goulot formé d'une tête de lion et avec anse découpée du XVe siècle.

145 — Langue de bœuf, à lame finement gravée à figures et ornements.

146 — Encensoir en cuivre à ornements découpés à jour.

147 — Sonnette du XVIe siècle, en métal de cloche.

148 — Clef en fer à tête découpée.

149 — Chenet en fonte de fer portant l'écu de France et surmonté d'une figurine de guerrier. XVe siècle.

150 — Horloge allemande de forme carrée en cuivre gravé et doré avec colonnettes aux angles et reposant sur des lions couchés. Elle est surmontée d'une coupole en cuivre repousé, doré et découpé à jour, avec statuette debout. XVIe siècle.

151 — Médaille du XVIIe siècle en argent. David et Goliath.

152 — Croix processionnelle couverte d'appliques en cuivre repoussé et découpé à jour, avec Christ rapporté en argent et médaillons ronds portant les emblèmes des évangélistes exécutés en émaux de basse taille sur argent. XVe siècle.

153 — Coffret oblong en stuc doré, décoré de figures d'amours et d'ornements en bas-relief. Travail italien. XVe siècle.

154 — Curieux costume de fauconnier, entièrement en cuir. XVIe siècle.

155 — Petit coffret Louis XIII, à couvercle bombé, en écaille, à bossettes saillantes et garni d'une serrure et de pieds en argent doré.

156 — Tableau peint sur verre et rehaussé d'or représentant l'Annonciation. XVIe siècle.

157 — Baiser de paix en émail de Limoges; peinture en émaux de couleurs et points saillants, imitant les pierres précieuses. Il représente le sujet de la résurrection. XVIe siècle. Monture en bois sculpté, de forme monumentale, et doré en partie.

158 — Petit médaillon de forme sphérique, en cristal de roche et argent décoré de peintures églomisées. XVIe siècle.

159 — Seau à double goulot en cuivre jaune, avec anse mobile rattachée à la pièce par deux bustes de femme. Dinanderie du XIIIe siècle.

160 — Plat rond en cuivre jaune repoussé, à rosace et ornements. XVe siècle.

161 — Plaque carrée en fer gravé, offrant au centre un médaillon rond, avec figures en relief.

162 — Peinture sur verre, cintrée à sa partie supérieure, et représentant une scène de l'histoire de Mercure.

163 — Gourde de forme aplatie en étain, à ornements et feuillages en relief. XVIe siècle.

164 — Trois cannettes en étain, l'une d'elles surmontée d'un écusson. Allemagne.

165 — Petit coffret oblong, à couvercle, couvert en cuir et garni de ses ferrures de l'époque. XVIe siècle.

166 — Gobelet double en vermeil, formé d'une figurine de femme tenant la seconde coupe de ses deux bras surélevés.

167 — Miniature sur vélin ; figure équestre d'Anne de Montmorency.

168 — Médaillon rond en bronze, représentant le jugement de Paris. XVIe siècle.

169 — Baiser de paix, en cuivre doré, représentant le suje de la Flagellation. XVIe siècle.

MEUBLES

170 — Joli petit meuble à deux corps, en bois de chêne sculpté; les portes sont décorées de trophés d'armes et d'ornements. Il repose sur des pieds ronds avec griffes saillantes et ornements découpés à jour. XVIe siècle.

171 — Crédence en bois de noyer fermant à deux portes et à tiroirs, enrichie de parties marquetées et reposant sur quatre colonnettes reliées deux à deux par des arceaux à plein cintre. Le fond du corps inférieur est décoré de panneaux sculptés. XVIe siècle.

172 — Meuble gothique, à trois panneaux, finement sculptés en ogive et fermant à deux portes.

173 — Petit bahut ou coffre en bois sculpté, à figures couchées et cariatides. XVIe siècle.

174 — Dressoir en bois de noyer, la partie inférieure supportée par des colonnes droites, et la partie supérieure, par des balustres. XVIe siècle.

175 — Dressoir analogue à celui qui précède.

176 — Socle rectangulaire, orné de panneaux sculptés à ornements. XVIe siècle.

177 — Très petit cabinet en bois noir incrusté de nacre et enrichi d'ornements en couleurs et or. Travail italien du XVIe siècle.

178 — Petit cadre italien à ouverture circulaire en bois sculpté à ornements. XVIe siècle.

179 — Devant de bahut de bois sculpté, représentant sept figures de saints personnages, debout sur des arceaux en ogive. Dans les entre-deux du haut se voient des figures de guerriers combattant. Beau travail du XVe siècle.

180 — Huit petits panneaux rectangulaires en bois sculpté des XVe et XVIe siècles, provenant de meubles.

181 — Coffret à tiroir en bois de noyer, finement sculpté à rinceaux, cariatides et écusson. XVIe siècle.

182 — Miroir carré, avec cadre monumental, à pilastres et fronton découpé, en bois sculpté rehaussé de dorure. XVIe siècle.

183 — Deux piliers de table en bois sculpté, à volutes et ornements. XVIe siècle.

184 — Bureau à dos d'âne en racine de bois, et moulures saillantes en bois noir.

185 — Cadre de forme monumentale en bois sculpté, rehaussé de dorure. Travail italien du XVIe siècle.

186 — Table ronde du temps de Louis XIII, à pieds tournant et pliant.

187 — Vitrine en bois noir, à colonnettes aux angles et ornements gravés, avec porte et côtés vitrés.

188 — Petit cadre en bois sculpté, à colonnettes cannelées et ornements. XVIe siècle.

189 — Pilier d'escalier, de forme carrée, sculpté sur trois faces, à festons de fleurs. XVII siècle.

190 — Petit cabinet, plaqué d'écaille rouge et ébène avec incrustation de filets d'ivoire. XVIIe siècle.

191 — Curieux paravant à dix feuilles, couvert de peintures représentant diverses épisodes de la vie du roi Louis XIV. Travail du temps.

192 — Petite table à rallonges de style renaissance en bois de noyer sur pieds tournés à balustres.

SIÈGES

193 — Fauteuil en bois de noyer sculpté, sur pieds formés de colonnettes et bras supportés par des balustres. XVIe siècle.

194 — Fauteuil analogue à celui qui précède.

195 — Deux fauteuils en bois sculpté, à traverses découpées à jour, et couverts de velours de Gênes ponceau.

196-197 — Quatre chaises du XVIe siècle, couvertes de velours de Gênes ponceau. Elles seront vendues par deux.

198 — Deux chaises à pieds tords, couvertes en cuir et garnies de clous à têtes de cuivre jaune.

199 - Fauteuil à X en bois sculpté, couvert de velours vert à parterre. XVIe siècle.

200 — Fauteuil analogue à celui qui précède, couvert de velours à parterre vert olive sur fond rosé.

201 — Deux chaises à pieds droits formés de colonnettes tournées.

202 — Fauteuil en bois sculpté et pieds tournés, couvert en velours vert de Gênes.

203 — Tabouret à pieds formés de colonnettes tournées et couverts de velours à parterre, à dessin ponceau sur fond blanc.

TABLEAUX

BELLIN (JEAN)

204 — La Vierge assise tenant l'enfant Jésus assis sur ses genoux.

BELLIN (JEAN, attribué à)

205 — La Mise au tombeau. Composition de sept figures. Sur panneau cintré en largeur.

BOTICELLI (?)

206 — La Vierge vue à mi-corps tenant l'enfant Jésus debout devant elle. Près du groupe principal, le petit saint Jean en adoration.

Cadre en bois sculpté.

CIMABUE

207 — Tableau divisé en deux registres : dans le haut, le sujet de l'Annonciation; dans le bas, la Vierge assise tenant l'enfant Jésus sur ses genoux, entre deux saints personnages.

CLOUET (dit JANET)

208 — Petit portrait d'homme, vêtu d'un costume noir et portant une toque noire à plume.

209 — Autre portrait d'homme vêtu de blanc et d'un manteau noir. La toque noire est garnie d'une plume.

CLOVIO (JULIO)

210 — Deux miniatures sur vélin dans un même cadre : Le Christ et saint Jean debout.

LE CORRÈGE

211 — Le Mariage mystique de sainte Catherine.

ÉCOLE ALLEMANDE

212 — L'Adoration des Rois mages.

ÉCOLE DE BOURGOGNE (du XVIe siècle)

213 — Réception par des moines d'une princesse et de sa suite.

ÉCOLE DE FONTAINEBLEAU

214 — A gauche, Vénus et l'Amour ; à droite, Vulcain forgeant ses traits.

ÉCOLE FRANÇAISE du XVIe siècle.

215 — Petit portrait de femme en riche costume du temps.

216 — Médaillon rond : Loth et ses filles.

217 — Pieta. Le Christ mort, étendu au pied de la croix et embrassé par sa mère.

218 — Portrait d'Agnès Sorel, vue à mi-jambes, vêtue de noir, le sein gauche découvert ; elle tient un livre de la main gauche et porte un long voile blanc.

219 — Deux pendants. — Figures équestres de guerriers.

ÉCOLE FRANÇAISE

220. — Portrait de Henri IV enfant, vu à mi-corps, en riche costume blanc à fraise et couvert de joyaux.

ÉCOLE GOTHIQUE

221 — La Vierge dans sa gloire. Peinture sur panneau cintré et sur fond d'or.

222 — La Vierge assise tenant l'enfant Jésus sur son genou gauche. A droite, saint Paul, et à gauche, saint Jean. Panneau cintré à fond d'or.

223 — Sainte Marie égyptienne encensée par deux anges. Dans le bas un écusson armorié.

Curieux tableau peint sur fond d'or, cité par Vasari. Vente Paul Delaroche.

ÉCOLE GRÉCO-RUSSE

224 — Deux saints personnages debout, sur fond d'or.

ÉCOLE PRIMITIVE ITALIENNE

225 — Panneau peint provenant d'un coffre de mariage et représentant le cheval de Troie.

226 — Autre panneau provenant d'un devant de coffre et représentant un sujet héroïque peint en grisaille.

ÉCOLE ITALIENNE du XVe siècle

227 — Portrait d'homme coiffé d'une toque élevée et vêtu de noir avec collier garni d'un riche bijou d'or.

228 — Portrait de femme de profil à gauche sur fond d'or à ornement saillants.

229 — Peinture à fresque représentant trois saintes femmes vues à mi-corps.

230 — Combat entre deux chevaliers à cheval.

231 — Résurrection du Christ.

232 — Deux saints.

ÉCOLE PRIMITIVE

233 — Paysage d'hiver. Au premier plan, deux personnages. Panneau carré.

GILLOT

234 — Deux pendants. — Les Plaisirs de l'escarpolette et le jeu de bascule.

KRANACK (LUCAS)

235 — La Crucifixion.

INCONNUS

236 — Portrait d'homme vêtu de noir et d'un manteau d'hermine, et coiffé d'une toque noire.

237 — Portrait d'homme, de trois quarts à droite, vêtu de noir et coiffé d'une toque noire rehaussée de broderies.

238 — Scène de repas et de concert. Les personnages portent des costumes du XVIe siècle.

239 — Portrait de femme en riche costume du XVIe siècle.

240 — Portrait d'homme vu à mi-corps portant l'armure du XVIe siècle et avec collerette à fraise.

241 — Portrait de Richard Cœur-de-Lion.

242 — Portrait d'homme vu à mi-corps. Dessin à la sépia.

SURVOL

243 — La Vierge vue à mi-corps, tenant l'Enfant Jésus sur ses genoux.

LE TITIEN (d'après)

244 — L'Amour sacré et l'amour profane.

www.ingramcontent.com/pod-product-compliance
Lightning Source LLC
LaVergne TN
LVHW010010230826
846092LV00002B/745

* 9 7 8 2 3 2 9 5 1 2 5 9 4 *